Mein Schutzengel und ich

Eine Lebensgeschichte

INHALTSVERZEICHNIS

Vorwort 7

Einleitung 9

Meine ersten Arbeitsstellen 10

Florins Kindheit 17

Meine sieben Leben 21

Hanauer Hütte 27

Neuer Lebenspartner 36

Meine Eltern und Geschwister 39

Meine Kindheit 42

Meine Familie 50

Bad Häring 56

Meine Begegnung mit den Schamanen 63

Selbsterkenntnis 69

Nachsatz 73

Herstellung und Verlag:
BoD - Books on Demand, Norderstedt
ISBN 978-3-7392-3657-5

Titelbild: www.fotolia.de, © cranach

Vorwort

Eine wahre Geschichte, die sich in den Bergen zugetragen hat.
Ein Mädchen aus den Bergen Tirols erzählt über ihr Leben, über ihre Familie und was sie bewegt hat, einen Schutzengel an ihre rechte Seite zu stellen.

EINLEITUNG

Als ich zum zehnten Mal auf die Uhr schaue, ist es immer noch nicht später als fünf Uhr früh. Meine Gedanken schweifen immer um das Gleiche. Was kann ich tun, dass ich es endlich schaffe, die Vergangenheit loszulassen. Ich weiß aber inzwischen, dass es mir Tage später wieder besser gehen wird. Das ist für mich eine große Beruhigung, habe ich doch viele Jahre meine Zuversicht verloren. Ich wünsche mir, dass solche Tage, in denen mich die Vergangenheit einholt, weniger werden und ich endlich das Gewesene vergessen kann!!
Es ist Herbst, der Tag beginnt zu erwachen und bald wird die Sonne scheinen. Ich bin zur Zeit bei meiner Tochter Haidrun auf Besuch. Sie lässt mich all ihre Liebe und Dankbarkeit spüren. Ihre ganze Familie versucht mich glücklich zu machen, aber ein bisschen Wehmut holt mich immer wieder ein. Meine Tochter Andrea, sie wohnt in meiner Nähe, ist immer für mich da, auch in den schwersten Situationen. Auch ihre Familie ist immer bereit, mich zu unterstützen. Ich danke euch allen für eure BEREITSCHAFT und HILFE!

Ich möchte am Anfang erwähnen, dass ich dieses Buch, das ich jetzt schreibe, meinen beiden Töchtern Haidrun und Andrea widmen werde, ohne die ich sicher nicht die Kraft gehabt hätte, der Mensch zu sein, der ich heute bin. Auch meine Enkel und Urenkel machen mir sehr viel Freude.

Liebe Leser, ich werde mein Leben nicht chronologisch erzählen, sondern so, wie sich mir die Bilder aus der Vergangenheit zeigen, wenn ich über mein Leben nachdenke.

MEINE ERSTEN ARBEITSSTELLEN

Meine erste Arbeitsstelle trat ich mit 14 Jahren im Kleinwalsertal an. In meinem jugendlichen Alter musste ich schon sehr viel Arbeit bewältigen. Es gab keinen freien Tag, keine Zimmerstunde, das Essen war karg und der Lohn sehr gering.
Meine Schwester Helga, die ein Jahr älter ist als ich, hatte auch in diesem Haus gearbeitet. Es war deshalb so schwer für uns beide unter solchen Umständen zu arbeiten, da wir ein liebevolles Elternhaus gewohnt waren. Aber da mein Vater sehr krank war, mussten wir eine Dienststelle antreten, um Geld zu verdienen. Meine Eltern konnten es mir finanziell nicht ermöglichen, eine höhere Schule zu besuchen, obwohl ich einen Abschluss sicher geschafft hätte. Ich war nämlich eine gute Schülerin.
Damals bastelte ich mir schon meinen eigenen Schutzengel. Ich könnte ihn heute noch beschreiben. Geplagt von Heimweh, Übermüdung sowie meinen Sorgen und Ängsten glaubte ich, ich müsste diesen gebastelten Schutzengel in Watte hüllen und über die Berge zu Mama und Papa schicken. Ich hoffte auf die Botschaft, dass Mama und Papa uns abholen kommen würden. Aber es blieben nur Träume. Ich erkannte, so ein Schutzengel reicht nicht aus. „Des kloane Schutzengele, des mar als Kinder gebittet hoba, es sell ins alle beschütza, des find i numma!" Mein Schutzengel musste etwas Besonderes sein. Und siehe da, er nahm immer mehr Gestalt an, an Formen und Visionen. Ich werde noch sehr oft über meinen Schutzengel berichten, den ich an meine rechte Seite gestellt habe. Diese schützende Energie, die mich umgibt, zeigt sich immer noch in meinem Kopf als Engel, ist aber durch meine Lebenserfahrung viel mehr geworden. Ich bin in der Lage,

die vorhandenen Energien, positiv als auch negativ, zu erkennen, und dieses Spüren kann manchmal sehr belastend, aber auch sehr hilfreich sein.

Meine zweite Arbeitstelle war in Lech. Inzwischen war ich 15 Jahre alt und musste einen Haushalt mit einigen Gästezimmern führen. Auch dort plagte mich sehr starkes Heimweh, da die Hausherrin eine sehr eifersüchtige Person war – speziell auf meine Kochkünste, die ich als Bauernmädchen schon sehr gut beherrschte. Die „Dame des Hauses" – wie ich sie in meinen Gedanken immer nannte – war Chefsekretärin einer großen Firma und hatte keinen blassen Schimmer vom Kochen. Deshalb konnte sie nicht ertragen, dass der Chef des Hauses diesem unscheinbaren Mädchen, das ich damals noch war, Komplimente machte.

Es war Silvesterabend. Alle Lechtaler, die auch in Lech arbeiteten, durften an diesem Abend nach Hause fahren, um das neue Jahr 1956 mit ihren Lieben zu feiern. Sogar meine beste Freundin Gerda durfte nach Hause. Schweren Herzens schaute ich ihr mit Tränen in den Augen nach, während ich die Wäsche in der Kälte aufhing. Ich konnte nicht verstehen, dass man für Menschen, die so schwer für einen arbeiten, so wenig Dankbarkeit und Gefühl zeigen kann. Ich nahm mir damals schon vor, falls ich mich je selbstständig machen würde, liebevoller und respektvoller mit meinen Angestellten umzugehen. Was ich sehr viel später wirklich in die Tat umsetzte. Es herrschte keine gute Energie in diesem Haus und mein Zimmer, in dem ich schlafen musste, war feucht, kalt, klein und dunkel. Ich wurde sehr krank, weil ich abends immer in der kalten Metzgerei Putzarbeiten verrichten musste. Meine starren Hände ließen sich fast nicht mehr bewegen. Die Tränen, die über meine Wangen liefen, brachten etwas Wärme in mein Gesicht. Tränen sollten fortan meine steten Begleiter sein.

Eines Tages, als ich in der Früh das Frühstück nicht herrichtete, kam die Frau des Hauses in mein Zimmer und glaubte, ich hätte hohes Fieber. Sie fühlte sich doch soweit verantwortlich, um den Arzt zu rufen. Doktor Rhomberg, der damals eine Praxis in dem Nobelort Lech hatte, wurde gerufen. Als er in mein Zimmer kam, schlug er die Hände über dem Kopf zusammen und sagte: „Um Gottes Willen Madle, wo haben sie dich denn hineingepfercht!" Der Fiebermesser, den er mir unter den Arm steckte und 5 Minuten später wieder herausholte, zeigte kein Fieber. Nein, Untertemperatur hatte ich. Der Arzt erkannte sofort, dass mich starkes Heimweh plagte. Er fragte mich nach dem Namen meines Vaters und wo er meine Familie erreichen könne. Als er mich mit Medikamenten versorgt hatte, befahl er der Chefin, dass sie mir noch einen Tee machen solle. Ohne Wissen meiner Herrschaften verständigte Dr. Rhomberg meinen Vater und forderte ihn auf, mich sofort abzuholen, sonst müsse er mich ins Krankenhaus nach Bregenz überweisen. Viel später erzählte mir mein Vater, dass er seinen Arbeitgeber, der damals schon ein Auto besaß, gebeten hatte, mit ihm nach Lech zu fahren. Als sich der Arzt von mir verabschiedete, sagte er mir nicht, dass man mich abholen kommen würde. Ich verfiel in eine Art Tiefschlaf, nicht wegen meiner Untertemperatur, sondern weil meine Seele und mein Körper kraftlos waren. Ich wollte einfach nur noch schlafen und nicht mehr aufwachen. Bis plötzlich mein Vater gebeugt vor mir stand, da das Zimmer nicht hoch genug war, um aufrecht stehen zu können. Im ersten Moment wusste ich nicht, ob es eine Vision oder wirklich mein Vater wäre. Aber als er sich über mich beugte und mich liebevoll in die Arme nahm, liebte ich ihn so sehr und wusste, dass es mein Vater war, der sagte: „Mein liebes Kind, ich bin gekommen, um dich nach Hause zu holen." Meine Gedanken schwirrten durch den Kopf, ich konnte nicht mehr klar denken und sagte: „Das geht doch nicht, du kannst mich nicht einfach nach Hause holen!" „Mach dir keine Gedanken, das ist schon richtig so. Dr. Rhomberg hat mich angerufen, ich solle dich abholen kommen." Plötzlich stand meine Chefin im Türrahmen und forderte meinen Vater auf, das Zimmer sofort zu verlassen. Papa drehte sich um, er hatte mich inzwischen in Decken gewickelt auf seinem Arm, und sagte schroff, sie solle Platz machen, damit er mit seiner Tochter den Raum verlassen könne. Sie fuhr ihn an wie eine Furie: „Wer hat Ihnen erlaubt, mein Dienstmädchen einfach abzuholen?" Er sagte nur: „Dr. Rhomberg", und ging mit mir die Stiege hinunter. Wir fuhren nach Hause, wo ich von meinen Eltern liebevoll gepflegt wurde bis ich wieder gesund war.

Inzwischen war ich 16 Jahre alt und trat wieder eine neue Dienststelle in Bach an. Anfangs war ich auch hier mit vielen Problemen konfrontiert: karges Essen, keine Freizeit und wenig Ansprache. Ich wollte keine weitere Saison dort arbeiten. Aber nach einer Aussprache zwischen den Chefleuten vom „Grünen Baum" und meinen Eltern versuchte ich es noch eine Saison, und es entstand eine großartige Freundschaft mit den jungen und alten Wirtsleuten.
Mit einem Lächeln fällt mir eine Geschiche ein, die ich euch gerne erzählen möchte. Die Seniorchefin Poldi war eine sehr liebe Frau, aber sie war auch gerecht streng. Da ich erst 16 Jahre alt war, durfte ich das Haus ohne ihre Erlaubnis nicht verlassen. Meine damalige Arbeitskollegin Rosa wollte mir zu einem Treffen mit drei Urlaubsgästen verhelfen, um im Kaffee Hubertus ein bisschen zu feiern. Wir lehnten im Speisesaal ein Fenster nur an, damit ich später hinaussteigen könnte. Die Haustüre wurde von Poldi immer mit einem großen Schlüssel sofort abgeschlos-

sen, wenn der letzte Gast das Haus verlassen hatte. Ich ließ sie glauben, dass ich ins Bett ginge. Ich wartete eine Zeitlang oben am Dachboden, wo mein Zimmer war, und glaubte, meine Chefin würde auch schon schlafen. Leise ging ich auf Zehenspitzen die Stiege hinunter. Doch dann wusste ich nicht, ob ich lachen oder mich ängstlich zurückziehen sollte, als ich Poldi unten stehen sah. Ich glaube, so könnte man sich Petrus vorstellen. Sie hatte einen dicken Bademantel mit einer großen Kordel um ihren beleibten Körper zusammengebunden, was sie nicht wie eine Seniorchefin, sondern eher wie einen Pater aussehen ließ. Sie hob den Zeigefinger und sagte zu mir: „Und du gehst sofort zurück ins Bett!" (Ich arbeitete damals täglich bis zu fünfzehn Stunden. Dazu war ich alt genug, aber das Ausgehen war nicht erlaubt!) Ich fragte noch ganz verlegen, wieso sie denn wusste, dass ich noch ausgehen wollte. Sie hatte gesehen, dass wir das Fenster im Speisesaal nur angelehnt hatten.

Es scheint, als wurde mir die schwere Arbeit bereits in die Wiege gelegt. Meine Eltern hatten eine kleine Landwirtschaft. Da Papa sehr krank war, konnte er den Traktor, den man für die Feldarbeiten brauchte, nicht mehr bedienen. Ich war gerade 17 ½ Jahre, als mein kranker Papa ein Ansuchen an die Bezirkshauptmannschaft Reutte, Sektor KFZ, stellte, ob seine Tochter Bernadette frühzeitig den Traktorführerschein machen dürfe. Diesem Ansuchen wurde sofort stattgegeben. Ich machte bei der Fahrschule, die im Frühjahr und Herbst im Lechtal angeboten wurde, den Führerschein für landwirtschaftliche Geräte. Ich kann nicht mehr nachvollziehen, wieviele Stöße ich von der Kurbel, die man benutzen musste, um den Traktor in Gang zu bringen, bekommen habe. Es war sehr schmerzhaft. Wenn ich dann mit dem Mähbalken, den Papa und ich zusammen montiert hatten, auf das Feld fuhr, war es für mich als Mädchen sehr schwer diesen herunterzulassen. Das Hochheben des Mähbalkens war noch schwieriger. Die Wiesenfläche betrug 3 Hektar und man kann sich vorstellen, wie viele Stunden ich brauchte, um diese Felder zu mähen. Schon damals hatte ich Schmerzen in der rechten Schulter, die vom Ankurbeln des Motors und dem Anheben des Mähbalkens herrührten. Meine Eltern dankten es mir sehr, dass ich für sie da war und ihnen diese schwere Arbeit abnahm. Erschwerend für mich kam hinzu, dass die Gemeinde eine Grundzusammenlegung beschloss. Das bedeutete, dass man die vielen kleinen Grundstücke, die ein jeder Bauer in verschiedenen Ortsteilen besaß, zusammenlegt, damit jeder Bauer nur mehr ein paar größere Felder effizienter bestellen konnte. Das erforderte, dass jeder Bauer je nach Größe seiner Grundstücke Fronschichten für die

Gemeinde leisten musste. Das Anlegen neuer Wege erforderte sehr viele Arbeitsstunden. Da unsere Familie eine der wenigen war, die einen Traktor mit Anhänger hatte, wurde ich gebeten, diese Fronschichten mit Pickel und Schaufel abzuleisten. Mit Traktor und Anhänger konnte ich doppelte Stunden schreiben. Könnt ihr euch, liebe Leser, vorstellen, was das in meinem Alter und als Frau bedeutete? Vor lauter Müdigkeit und Erschöpfung fiel ich an manchem Abend ohne zu essen ins Bett.
Auch im sogenannten „Ruhrwald" mussten wir Fronschichten leisten. Dort wurde ein Kahlschlag veranlasst, um mit dem Verkauf dieses Holzes die neue Wasserleitung zu finanzieren. Etwas später wurde dieses Waldstück wieder aufgeforstet. Da dieser Kahlschlag sehr steil war, fiel es besonders uns Frauen schwer, den ganzen Tag neue Pflanzen einzusetzen. Wir waren immer zu zweit, die eine grub ein Loch, die andere musste den Baum einsetzen. Unser damaliger Waldaufseher erleichterte uns die Arbeit mit seinen kurzweiligen Geschichten und ließ uns auch diese Tage gut überstehen. Diese Arbeiten wurden vor Saisonbeginn durchgeführt, sodass ich im Sommer im Gastgewerbe weiterarbeiten konnte.
Nach mehreren Saisonen, in denen ich bei meiner Freundin Sigrid, der jungen Chefin vom „Grünen Baum", arbeitete, beschlossen Florin und ich zu heiraten. Bald meldete sich unsere erste Tochter Haidrun an, genau ein Jahr später kam Andrea zur Welt, was sich für mich als großes Glück erwiesen hat. Ich habe nicht nur zwei reizende Töchter, ich hatte zu Anfang unsere Ehe auch einen liebevollen, fleißigen und redlichen Ehemann. Leider verfiel er dem Alkohol. Ich werde euch jetzt die schweren Jahre seiner Kindheit erzählen, damit ihr besser verstehen könnt, wie es geschehen kann, dass ein wertvoller Mensch einer Sucht verfällt, welcher auch immer.

FLORINS KINDHEIT

Seine ganze Jugendzeit war geprägt von Hunger, Angst und Unverständnis. Mit 7 Jahren musste er mit seiner Mutter und seinen fünf Geschwistern die geliebte Heimat verlassen. Er war ein Südtiroler, also auch ein Tiroler. Sein Vater und seine zwei älteren Brüder waren im Krieg.
Wenn ich jetzt zurückdenke, fällt mir ein, dass wir sehr oft in seine alte Heimat Südtirol fuhren. Das Haus, in dem er mit seiner Familie gewohnt hat, hatte dem Zahn der Zeit nicht standgehalten und fiel in sich zusammen. Aber der alte Kastanienbaum stand da, als wäre nichts geschehen, und wir standen mit unseren Kindern ehrfurchtsvoll darunter. Wir hatten alle Tränen in den Augen und ich sah, wie Florin liebevoll ins Tal hinunterschaute. Es ist heute nicht mehr nachvollziehbar, dass eine Auswanderer-Familie aus Südtirol in Nordtirol als Ausländer behandelt wurde. Mit neun Jahren musste er zu einem Bauern gehen, um Geld zu verdienen. Es waren harte Bauersleute, die dem Buben nichts schenkten. Nicht genug, dass er in diesem Alter hart arbeiten musste, verlangte der Bauer auch, dass Florin Schafe und Ziegen schlachten sollte. Er zeigte ihm, wie man die Kehle dieser armen Tiere durchschneidet bis sie verbluten. Auch der Hunger war sein steter Begleiter. Nicht wenige Male grub er Kartoffeln, die er mit der Bäuerin zuvor im Acker eingegraben hatte, wieder aus und aß sie roh. Von den noch lebenden Ziegen molk er sich die Milch in den Mund, um seinen Hunger zu stillen. Jedes Mal wenn er mir diese Geschichten erzählte, verfiel er in eine Schwermut. Aber es gab auch in dieser Zeit einen Gönner und Freund. Dieser hatte gemerkt, dass es dem Buben nicht gut ging. Jedes Mal, wenn das „Biable" – wie er den Buben liebevoll nannte – zur heiligen Messe ins Tal kam, schenkte er ihm einen Laib Brot. Florin bedankte

sich, stieg den Berg hoch und aß den halben Laib Brot auf. Die andere Hälfte versteckte er in einem Schuppen unter dem Heu. Sein Gönner wurde auch „Russ" genannt, weil er eine Russenkappe trug, die er von seiner Gefangenschaft in Russland mitgebracht hatte. Der besagte Russ war ein kerniger Bursche. Oft schulterte er bei Nacht seinen Wildererstutzen, um ein Wildtier zu erlegen. Für den Wildstutzen hatte er ein Versteck in einem Heustadel. In diesen kleinen Schuppen lagerte man das Heu ein, bis es im Winter zu kleinen Heuballen zusammengefasst und bei geeigneter Schneelage mit Schlitten ins Tal befördert wurde. Der Wilderer war nicht der Einzige, der den Heuschuppen aufsuchte, in dem er sein Gewehr versteckt hatte. Auch Florin hortete dort etwas, das ihm ganz allein gehörte und das er hütete wie seinen Augapfel. Sogar Brotkrümel von dem restlichen Brot teilte er mit seinem lebenden Schatz. Es waren Mäuse, die er zähmte und die ihm immer wieder seine dunklen Gedanken aufhellten. Immer wenn es dunkelte, ging er zu diesem Heuschuppen, um seine kleinen Freunde zu besuchen. Bei dieser Gelegenheit überraschte er einmal den Wilderer und konnte sehen, wie er seinen Wildererstutzen im Heu vergrub. Sein Freund und Gönner hatte genug Vertrauen zu diesem Knäblein und wusste, er würde ihn nie verraten. War doch das Wildern kein Kavaliersdelikt. Aber dass er einmal die Hilfe dieses Jungen in Anspruch nehmen würde, ahnte er zu diesem Zeitpunkt nicht. Als die Besatzung, die damals im Lechtal war, einen Streifzug durchs Gebirge machte, um den Wilderer zu stellen, durchsuchten sie auch einige Heustadel in der Hoffnung, dass sie in einem dieser Schuppen etwas finden würden, um den Wilderer zu überliefern. Bald fanden sie den Stutzen im Heu und glaubten, dass dieser dem besagten Wilderer gehöre. Doch dieser weigerte sich zuzugeben, dass das sein Gewehr sei. Er nannte einen Zeugen, der das bestätigen würde. Trotzdem wurde er vor das Gericht in Innsbruck geladen und aufgefordert, seinen Zeugen mitzubringen. In seiner Verzweiflung wusste er keinen anderen Ausweg und bat seinen kleinen Freund, er solle mit nach Innsbruck fahren und für ihn eine Aussage vor Gericht machen. Er bläute ihm auf dem ganzen Weg nach Innsbruck eine Geschichte ein, die er vor Gericht erzählen solle. Als der Herr Hammerle (RUSS genannt) seine Aussage gemacht hatte, wurde er aufgefordert, seinen Zeugen hereinzuholen. Die uniformierten Männer, die diese Verhandlung führten, waren entsetzt, als sie diesen schmächtigen Buben sahen. Man ließ ein kleines Podium holen, um den Knaben daraufzustellen, damit er wenigstens mit dem Kopf über das Pult sehen konnte. Er gab zu Protokoll, was ihm der Russ während der ganzen Fahrt eingetrichtert hatte. Er leierte natürlich immer wieder die gleiche Geschichte herunter, doch der Wilderer befürchtete inzwischen, dass sie alle beide ins Gefängnis müssten. Auf einmal schallendes Gelächter im Gerichtssaal. Sogar der Übersetzer hatte durchschaut, dass diese Geschichte einstudiert war. Die Gerichtsangestellten ließen Zigaretten und Schokolade für den kleinen „Schauspieler" – wie sie ihn nannten – bringen, ließen beide frei und versicherten ihnen, dass es auch kein Nachspiel gäbe.

Danach war Florin noch Knecht auf verschiedenen Bauernhöfen bis er dann einen wertvollen Beruf erlernte. Er wurde Stuckateur, was viel künstlerisches Geschick erforderte. Sein Lehrmeister war Friedrich Haider aus Bach. Selbiger erlernte dieses Handwerk in Holland.

Ich bekomme immer mehr Verständnis für viele Situationen. Wenn ein Kind durch Schmerz, Hunger und Verlustangst traumatisiert wird, kann es dieses Trauma allein bewältigen? Da ich selber manisch depressiv war, glaube ich, dass man es ohne Hilfe nicht schaffen kann. Als ich Hilfe in Anspruch nahm und es mir wieder besser ging, erkannte ich, dass ich mein inneres Kind verkümmern ließ, wertvolle Zeit verschenkte und nur noch zugelassen habe, dass meine verletzte Seele mein Leben bestimmte. Alle Situationen meines Lebens zeigen sich während des Schreibens in ganz klaren Bildern. Dadurch kann ich wahrheitsgetreu berichten. Der Kritiker wird sagen: „Dieses Buch werde ich nicht zu Ende lesen. Da sind mir zu viele Abweichungen drin, und es wird schon nicht so schlimm gewesen sein, wie dieses Mädchen erzählt. Sie hätte ja alles beenden können, bevor es eskaliert." Der Besonnene wird sagen: „Das Leben schreibt manchmal Geschichten, die wir nicht nachvollziehen können. Ich bin tolerant genug und werde mir diese Geschichte bis zum Ende erzählen lassen."

MEINE SIEBEN LEBEN

Ich werde euch jetzt ein paar Geschichten erzählen, in denen ich meinen selbst zusammengebastelten Schutzengel in verschiedenen Situationen und Visionen glaubte zu sehen.

Mein Schutzengel war zur Stelle: Ich war gerade fünf Jahre alt und dem Ertrinken nahe, als mich mein Vater aus einem übergroßen Wasserbassin herauszog. Ich bekam von meinem Papa eine schallende Ohrfeige, weil er nämlich verboten hatte zu diesem Wasserbassin hochzuklettern. Später erzählte er mir, er hätte bei der Heuernte ein unruhiges Gefühl gehabt. Er sei nach Hause gekommen, um nachzusehen, ob ich wohl nicht trotz des Verbots zu diesem Bassin hochgeklettert sei. So nehme ich an, dass mein Vater mein Schutzengel war.

Oder als ich bei einem schweren Gewitter auf dem Weg zur Hanauer Hütte zur letzten Brücke kam, die schon mit Wasser überflutet war und ich trotz des tosenden Wildbaches darüberfuhr. Im Rückspiegel sah ich dann mit Entsetzen, dass die Wassermassen die Brücke wegrissen. Mir blieb das Herz stehen, erkannte ich doch, dass ich nur um Sekunden einem Unheil entronnen war.

Ein anderes Mal schickte mich mein Mann ins Tal, um für die Arbeiter, die damals für den Umbau auf der Hütte zuständig waren, Material zu besorgen. Auch da zog ein Gewitter auf und ich fuhr im „Angeletal" über eine kleinere Mure. Ich erkannte zu spät, dass sich in der Mitte ein tiefer Graben gebildet hatte und versank bis zur Fahrerseite in dieser Schlammmure. Mühselig kroch ich aus dem Auto heraus, als es auch schon weggespült wurde und ich irgendwie an den Rand der Mure kam. Durchnässt lief ich ins nächste Dörfchen Boden, um Hilfe zu holen. Auch das war für mich eine seltsame Geschichte.

Bei einem schweren Autounfall 1996, es war kurz vor Heiligabend, fuhr ich nach Reutte, um für die Stablalm, auf der ich zu dieser Zeit war, Waren einzukaufen. Ein Auto erfasste mich seitlich und schleuderte mich auf ein Brückengeländer, das mein Auto aufspießte. In dem Airbag, der sich aktiviert hatte, glaubte ich einen Engel zu sehen. Im Bruchteil von Sekunden zog mein ganzes Leben an mir vorbei. Als das Auto dann kopfüber in das Bachbett hinunterstürzte, kam es zu einer starken Rauchentwicklung und ich geriet in Panik. Kurz davor hatte ich nämlich im Radio gehört, dass eine Frau in einem Auto verbrannt sei. Ich konnte nicht wissen, dass diese Rauchentwicklung vom Airbag herrührte. Als mich die Rettungsleute aus dem Auto befreit hatten, stand mein ältester Enkelsohn Rene´ über mich gebeugt und versuchte mich zu trösten. Ich war nicht Sinnes genug, um festzustellen, ob er wirklich anwesend war oder nur eine Vision. Die starken Schmerzen ließen mich keinen klaren Gedanken fassen. Aber als mich Rene´ ansprach, wusste ich, dass er Realität war. (Ich frage mich heute noch, warum ausgerechnet Rene´ zu dieser Stunde am Unfallort war, welche Energie ihn hierher führte?) Etwas Seltsames ist mir Jahre später an derselben Stelle widerfahren. Ich spürte eine wärmende Energie. Sie fühlte sich an wie Engelsflügel, die sich von hinten schützend um mich legen. Ich fuhr auf die Seite. Wie lange dieses Gefühl andauerte, kann ich nicht mehr sagen. In solchen Situationen verliert man das Gespür für Zeit und Raum.

Einen anderen Unfall hatte ich auf der Hanauer Hütte, als ich über einen Felsen in die Tiefe stürzte und verletzt liegenblieb. Im selben Augenblick sah ich einen rotierenden Hubschrauber über mir, der mich nach der Erstversorgung sofort ins Krankenhaus flog. Dadurch konnte Schlimmeres verhindert werden. (Warum war gerade zu diesem Zeitpunkt ein Hubschrauber hier?)

Nach dem Tod meines Mannes erlitt ich auf der Hütte einen Herzstillstand. Wäre da nicht gerade eine Rettungsmannschaft zur Stelle gewesen, die mich reanimierte und sofort den Hubschrauber verständigte, der mich ins Krankenhaus flog, hätte ich das, nehme ich an, nicht überlebt.
Einanderes seltsames Phänomen:
Es war ein wunderschöner Tag. Wir hatten in der Küche ein Feldtelefon (ein altes Militärtelefon) an der Außenwand montiert, um mit der Talstation Verbindung aufnehmen zu können, wenn ein Rucksacktransport durchzuführen war. Als das Telefon klingelte und ich den Hörer abnahm, durchfuhr mich ein brennender Schmerz und das Gefühl, als ob ich mit einer Axt niedergeschlagen worden wäre. Es schleuderte mich durch die halbe Küche. Noch ganz benommen stand ich auf und sah, dass die Wand verkohlt und das Telefon zerstört war. Meine Angestellten waren ganz betroffen als ich sagte: „Da hat der Blitz eingeschlagen." Sie konnten es nicht verstehen, da ja kein Gewitter in der Nähe war. Da erzählte ihnen mein Mann, dass sein Bergkamerad bei klarem Himmel von einem Blitz getroffen und tödlich aus der Wand geschlagen wurde. Es gibt Phänomene, die wir nicht begreifen können.

Eben fällt mir ein, was ich als Kind noch erlebt habe. Meine Eltern, meine Schwester Helga und ich, wir beide waren noch sehr jung, gingen auf die Sulzlalm, um den Senner und unsere Kühe zu besuchen, die oben auf der Sommerweide waren. Papa nahm Speck zur Brotzeit mit und der Senner spendierte den Käse dazu, das selbstgebackene Brot stammte von Mama. Ich kaute wohl ein großes Stück Speck zu wenig und drohte daran zu ersticken, ich lief schon ganz blau an. Wie man mir später erzählte, muss es eine turbulente Situation gewesen sein. Aber der Senner behielt einen klaren Kopf, holte eine Zange, mit der man sonst den Kühen die Zähne reißt, und schaffte es mit dieser Zange, den Speck aus meinem Hals zu ziehen.

Nochmals zurück auf die Hanauer Hütte. Es waren drei schwere Gewitter im Anzug. Ich setzte mich in den Materialwagen, um ganz schnell auf die Hütte zu kommen. Als die Gewitter aufeinander trafen, entstand das Phänomen der „Hermesfeuerlein": Man kann auf den Bergkanten und Gipfeln kleine blaue Flammen sehen, weil die Luft elektrisch geladen ist. Unter normalen Umständen darf man in einer solchen Situation die Seilbahn nicht mehr benutzen, aber es war schon zu spät, um wieder auszusteigen. Plötzlich entstanden auch auf dem Zugseil solche Hermesfeuerlein, was extrem gefährlich ist. Ich weiß nicht, welche Energie mich geschützt hat, dass ich lebend in der Bergstation angekommen bin.

Ich erzählte euch schon, dass wir einen Traktor hatten. Im Frühjahr musste man immer auf die Alm gehen, um die Weidefläche zu pflegen. Auch dieses Mal nahm ich unseren Traktor mit, um schneller auf die Alm zu kommen. Es waren einige Frauen dabei, die sich wie Ameisen an meinem Traktor festhielten, um nicht zu Fuß hinaufgehen zu müssen. Auch auf dem Rückweg wollte ich die Frauen gerne mitnehmen. Da passierte es dann. Oberhalb der Häuser, die im Weiler von Sulzlbach stehen, versagten die Bremsen in einer scharfen Rechtskurve. Ich konnte das Schlimmste verhindern, indem ich auf die Felsen auffuhr. Durch den Aufprall verloren die Frauen den Halt und es schleuderte sie zu Boden. Gott sei Dank war nichts Schlimmeres passiert. Natürlich ließ ich den Traktor stehen und er wurde dann von einem Mechaniker abgeholt und repariert. Ich habe das Bedürfnis, auch diese Geschichte hier niederzuschreiben.

Wenn ich all diese Geschichten erzähle, denke ich immer wieder an den Spruch von den „sieben Leben".

Aber auch meine Kinder haben einen Schutzengel, was ich durch folgende Erlebnisse erkannte:

Andrea

Es war ein schöner Sonntagnachmittag. Mein Mann und ich beschlossen, mit unseren Kindern einen Spaziergang zu machen und dann im Gasthaus Traube einzukehren. Wir wollten Kaffee trinken und unsere Kinder sollten ein Palermo bekommen (ein orangefarbenes Limo). Sie liebten dieses Getränk wegen seiner Flaschenform, die wie ein Ballon aussah. An diesem Tag trugen beide das gleiche Trachtenkleidchen und sahen trotz des Altersunter-schiedes wie Zwillinge aus, was uns immer sehr stolz machte. Andrea fragte, ob sie schon hinaus gehen könnten, um ein bisschen zu spielen. Ich erlaubte es ihnen, aber sie sollten sich nicht schmutzig machen. An unser kleines, mit Wasser gefülltes Schwimmbecken im Garten dachte ich nicht. Inzwischen waren mein Mann und ich auch fertig, doch dieses Vorhaben, spazieren zu gehen, hat sich Minuten später fast in eine Tragödie verwandelt. Wäre da nicht gerade ein Tourist an unserem Haus vorbeigegangen und hätte gesehen, dass ein Kind im Becken liegt. Er holte das leblos wirkende Kind heraus und wie erstarrt sahen wir beide, dass es unsere Tochter war, die aber inzwischen die Augen wieder öffnete. Wir stießen ein Dankgebet zum Himmel, wieder einmal hatte mein Schutzengel geholfen. Wenige Wochen später kam Andrea unter das Rad eines Traktors. Das ging etwas glimpflicher ab. Haidrun war die Ruhigere von den beiden. Sie sagte einmal: „Mama, unsere Andrea ist doch ein richtiger Tollpatsch. Hätte sie nicht einen Schutzengel, könnte ich schon lange nicht mehr mit ihr spielen." Aber sonst war Andrea die Stärkere und beschützte immer ihre große Schwester. Wenn es in der Schule Streit gab, ohrfeigte sie die Buben, ohne zu fragen, was geschehen war.

Haidrun und Andrea in unserem Schwimmbecken

Haidrun

Haidrun bereitete mir viel später große Sorgen. Es war September, wir waren noch auf der Hanauer Hütte. Meine Tochter lebte schon bei ihrem Mann in Deutschland und fühlte sich sehr wohl in ihrer neuen Heimat. Es ist eine wunderschöne Gegend mit vielen Laubbäumen und einer Flora, die in ihrer Schönheit der in unseren Bergen ähnelt. Auch die Menschen in dieser schönen Gegend sind sehr freundlich und hilfsbereit fremden Menschen gegenüber. Also musste ich mir deswegen keine Sorgen machen. Haidrun erwartete Anfang September ihr erstes Kind und ließ mich wissen, dass alles in bester Ordnung wäre. Plötzlich überfiel mich ein starkes Gefühl der Unruhe. Ich sagte zu Florin: „Ich muss sofort ins Tal, ich glaube Haidrun ist etwas passiert." Der Gedanke ließ mich nicht mehr los. Unsere Funkverbindung ins Tal war immer sehr schlecht. Wir hatten nur ein Funkgerät und das funktionierte an diesem Tag auch nicht. Also musste ich nach Boden rennen, wo eine Telefonverbindung möglich war. Ich erfuhr von meinem Schwiegersohn, dass die Ärzte nach der Geburt noch um das Leben unserer Tochter kämpfen, aber dem Baby ginge es Gott sei Dank gut. Bald kam die Nachricht, dass unsere Tochter stabil sei. Erleichtert darüber und doch schweren Herzens, weil ich nicht bei Haidrun sein konnte, ging ich wieder auf die Hütte. Ich bedankte mich bei der schützenden Energie für die Rettung unserer Tochter.

Hanauer Hütte

Hanauer Hütte nach dem Umbau 1979

Ich erwähnte jetzt schon öfter die „Hanauer Hütte" erwähnt. Nun möchte ich erzählen, wie diese Hütte zu einem so wichtigen positiven, aber auch negativen Bestandteil meines Lebens wurde.

Eines Tages kam ich von der Arbeit nach Hause und mein Mann erzählte sogleich, er habe während meiner Abwesenheit eine Hütte gepachtet. Meine Gedanken kreisten wie wild um die Frage ob ich solch einer Aufgabe gewachsen sein würde. Aus Unsicherheit flossen meine Tränen ununterbrochen. Wie sich aber bald herausstellte und mir der Vorstand der Sektion Hanau immer wieder versicherte, war ich sehr wohl als Hüttenwirtin geeignet. Nach 20-jährigem Hüttenleben hatten wir über 80.000 Nächtigungen, die Zahl der Tagesgäste kann ich gar nicht mehr nachvollziehen. Es waren immer sehr, sehr viele. Zu dieser Zeit waren auch sehr viele Militärbedienstete oben auf der Hütte, die dort ihre Heeresbergführerprüfungen absolvierten. Dadurch hatten wir eine gute Verbindung zum Ministerium in Wien und lernten sehr viele Persönlichkeiten kennen.

Auch sonst hatte ich während meines Hüttenlebens mit sehr vielen netten Menschen zu tun. Heute noch werde ich zu größeren Feiern auf der Hanauer Hütte als Ehrengast eingeladen. Bei der Hundertjahrfeier bat man mich, das Lied, das ich über das Parzinngebiet geschrieben habe, vorzusingen. Der erste Vorsitzende drückte mir dann eine Niederschrift über hundert Jahre Hanauer Hütte in die Hand und als ich dann zu Hause darin las, kam ich zu dem Kapitel „Jetzt beginnt die Ära Eberhard". Das war mir dann doch zu viel des Guten, aber ich konnte erkennen, dass ich mich als Hüttenwirtin bewährt hatte.

Aber diese 20 Jahre brachten auch viele schwere Stunden mit sich. 15 Jahre führten mein Mann Florin und ich die

Hütte zusammen. Das sollten für mich die schwersten Jahre meines Lebens werden. Ich versuchte mir immer wieder einzureden, dass es viel Schlimmeres gibt als mein Schicksal. Aber mir nutzte das Verstehen nichts, ich hatte zu diesem Zeitpunkt keine Ahnung, wie ich mit all dem fertig werden sollte. Später kam dann doch die Zeit, wo mir das gelang. Die letzten Jahre ließen mich wieder die Schönheit des Parzinngebietes erkennen, die Alpenflora, die stolzen Berge, die Alpenrosen, die sich wie ein Teppich über das ganze Parzinn erstrecken, der schöne blaue Enzian, prachtvoll wachsend, wie von Gärtnerhand gepflegt, die kleinen Bergseen, die sich liebevoll in die Natur einfügen. Vom Frühjahr bis zum Herbst wechseln sich die verschiedensten Alpenblumen in voller Pracht ab. Ich bin froh, dass ich auch diese schönen Erinnerungen hervorholen kann. Ich verstehe jetzt manche Situation besser und denke mit Liebe im Herzen an meinen verstorbenen Mann. Das alte Muster unseres Lebens gehört der Vergangenheit an und ich werde voller Zuversicht in die Zukunft blicken.

Umbau der Hütte 1978

Die fortwährenden Bauarbeiten, die damals auf der Hütte durchgeführt wurden, machten das Leben für mich und meinen Mann sicher noch schwerer. Auch die Übernahme der Hütte war in meinen Augen ein Kuriosium, das man schlecht beschreiben kann. Am 1. März 1971 bekamen wir vom Vorstand der Sektion Hanau die Nachricht, dass der Pachtvertrag gültig sei, wir sollten ihn nur noch unterschreiben und retournieren. Die Schlüsselübergabe wurde telefonisch vereinbart, sie sollte im Gasthof Bergheimat in Boden mit unserem Vorgänger abgewickelt werden. Dieser hielt sich nicht an die Vereinbarung, also mussten wir einen neuen Termin bestimmen. Mein Mann und ich beschlossen, trotzdem aufzusteigen, um wenigstens die Hütte von außen anzuschauen, da wir beide die Hütte noch nicht kannten. Es lag noch sehr viel Schnee und der Aufstieg war schwierig. Nach Stunden öffnete sich ein Blick in das Parzinngebiet, den ich mir später, wenn es mir nicht so

gut ging, immer in Erinnerung rief. Auch beim zweiten Termin erschien unser Vorgänger nicht. Die Sektion ließ durch die Polizei die Hütte aufbrechen. Als die Polizei die Haustür geöffnet hatte, bot sich uns ein unbeschreibliches Bild des Schreckens. Wir brauchten 14 Tage, um dieses Chaos zu beseitigen.

Florin und ich: Verdiente Pause nach Großputz 1971

Aber vor allem die Sucht meines Mannes, die auf der Hütte dann voll zum Ausbruch kam – meiner Meinung nach durch seine schwere Kindheit schon vorprogrammiert – machte mein Leben in dieser Zeit schier unerträglich. Oft nächtigte ich außerhalb der Hütte, um mich zu schützen und oft glaubte ich, ich müsste mir ein großes Messer ins Herz rammen, um diesen, für mich nicht mehr auszuhaltenden Situationen ein Ende zu machen. Ich hatte jedoch keine Kraft mehr, diesem Dilemma ein Ende zu bereiten. Ich war wie gelähmt und funktionierte nur noch. Aber ich war nicht alleine. Immer sah ich meine Kinder vor mir und wusste, dass ich leben musste. Ich liebte die Musik, besonders die Berglieder. Manchmal schaffte ich es, wenn es mir nicht gut ging, meine Gitarre zu nehmen und mit den vielen Gästen Berglieder zu singen. Es sind Lieder, die jeder Berggeher kennt und die für gute Stimmung und ein Zusammengehörigkeitsgefühl sorgen. Das munterte mich immer ein wenig auf.

Heute singe ich bei zwei Chören mit, dem Kirchenchor Stockach, bei dem ich auch Obfrau bin und dem erweiterten Lehrersingkreis. Die Musik und der Gesang sind für mich ein Phänomen, das mich vieles vergessen lässt.

Ein Appell an euch liebe Leser: Lasst niemals zu, dass man euch eure Würde nimmt, dass die Gutmütigkeit euch zu Prügelknaben werden lässt, dass ihr nicht glauben müsst, nur noch existieren zu müssen und nicht zu leben! Jahre später musste ich genau dieses Gefühl noch einmal durchleben.

Stellt euch euren Problemen und lasst nicht zu, dass ihr so tief nach unten gezogen werdet. Eine ältere Frau aus unserem Ort sagte einmal, dass man die Sorgen nicht über die Haustürschwelle tragen dürfe, sondern sie unter den Herd fegen müsse. Ich erfuhr am eigenen Leib, dass dies nicht der Wahrheit entspricht. Auch meine Chefin Poldi vom

Grünen Baum sagte zu mir bei Antritt meines Dienstes: „Madle, das was in diesem Haus gesprochen wird, sei´s in der Familie oder in der Gaststube, ist nicht für die Öffentlichkeit bestimmt." Geprägt durch diese Forderung, nichts zu erzählen, was in der Gaststube passiert oder gesprochen wird, habe ich das auch während meiner Selbstständigkeit so gehandhabt. Voller Wohlwollen möchte ich hinzufügen, dass die Junior- und Seniorchefs vom „Grünen Baum" gute Lehrmeister für das Bewirtschaften einer AV-Hütte waren.

Hier noch ein Zitat von mir, das sich sicher im Leben immer wieder bewahrheitet:

Ohne Regen kein Regenbogen,
ohne Streit kein Verzeihn,
ohne Liebe keine Verträglichkeit,
ohne Dankbarkeit keine Zufriedenheit
und ohne Zuversicht keine Hoffnung.
Berna Eberhard

Ich möchte mich selbst nicht als frei von Schuld bezeichnen, bin ich doch auch nur ein Mensch. Eines tut mir aber für meine Kinder leid: Dass ich nicht genug Kraft hatte, mich dem Schicksal zu stellen. Heute würde ich sagen, wer zur Quelle will, muss gegen den Strom schwimmen. Aber die Strömung war zur damaligen Zeit zu stark und ich schaffte es nicht, bis zur Quelle vorzudringen.

Am 26.4.1986 starb Florin an Sekundenherztod. Die letzten zwei Jahre vor seinem plötzlichen Tod war mein Mann wieder ein wertvolles Mitglied der Familie und ich sah es als Geschenk, dass ich diese Zeit noch mit ihm erleben durfte. Und doch verfiel ich in eine tiefe Trauer und immer wieder tauchte das Wort WARUM? auf. Warum musste mein Mann gehen, als wir uns unsere Gemeinsamkeit wieder erarbeitet hatten?

Nach dem Tod meines Mannes führte ich die Hanauer Hütte noch 5 Jahre mit Angestellten und mit Hilfe meiner Familie. Zeit heilt Wunden -- auch für mich sollte die Zeit helfen, die Trauer aufzuarbeiten oder besser gesagt, leichter werden zu lassen. Aber eine gewisse Wehmut bleibt zurück. Es ist gut so, wie es ist. Die Verstorbenen in unseren Gedanken weiterleben zu lassen, ist Trost und Hilfe.
Ich denke gerade an einen schönen, lauen Sommerabend auf der Hütte, als ich allein auf der Bank Richtung Parzinngebiet saß. Ich breitete die Arme aus und sagte laut: „Des sei olls meine Berg." Etwas später hörte ich Schritte vom Tal herauf und meine idyllischen Gefühle wurden unterbrochen, als zwei Bergsteiger vor mir standen und um Einlass baten. Ich war so guter Dinge und bot den beiden ein Glas Wein an. Sie sollten sich zuerst einmal neben mich auf die Bank setzen und das tolle Parzinngebiet anschauen. In gebrochenem Deutsch sagte einer der Männer: „Hier heroben sind die Sterne noch größer und klarer." Als ich ihn fragte, woher er käme, sagte er mir, er sei der Sohn eines Scheichs. Der zweite Mann bestätigte dies und stellte sich als Physiker vor. Ich traute meinen Ohren nicht und sagte in meiner Euphorie: „Ja kann man so reich und gescheit zugleich sein!" Der junge Mann sagte zu mir, er sei auch nicht so intelligent. Er studiere in München Philosophie, „aber ich kann Ihnen versichern, lernen kann man lernen." Später erfuhr ich dann, dass sich die beiden in München während des Studiums kennengelernt hatten. Als ich hörte, dass der eine Physiker war, wurde ich neugierig, da ich mich gerne mit Menschen, die etwas davon ver-

stehen, über diese Materie unterhalte. Er staunte nicht schlecht, als ich sofort von der Entstehung der Erde anfing und ihn fragte, was er mir über den Urknall erzählen könne. Erklärte uns doch der Pfarrer in der Schule im Katechismus, dass die Erde in sieben Tagen von Gott erschaffen wurde und dass er Adam und Eva wegen einer Schlange aus dem Paradies vertrieben hat. Und was für mich auch nicht nachvollziehbar ist, dass Abel von seinem Bruder Kain erschlagen wurde und es später im Alten Testament heißt: „Gehet hinaus und vermehret euch." Deshalb wollte ich von ihm als Physiker über den Urknall hören. Es wurde eine lange Nacht und ich konnte mir durch sehr viel Wissenswertes den Urknall besser erklären.

Eben fällt mir eine Geschichte ein, die ich mit meinen Kindern auf der Hanauer Hütte erlebte. Ich fuhr mit meinen Kindern ins Tal hinunter, um sie zur Schule zu bringen.

Zwischen Boden und „Angeletal" war ein Weiderost mit einem Gatter, das leicht zu öffnen war. Aber an diesem besagten Morgen war dieses Gatter mit einem Vorhängeschloss abgesperrt. Ich nahm den Wagenheber aus dem Auto und brach das Schloss auf, um weiterfahren zu können. Natürlich meldete ich diesen Vorfall sofort bei der Gendarmerie, war es doch eine Sachbeschädigung. Als Täter forschte man den Jäger aus. Ich ging zu ihm, um die Situation aufzuklären und sagte ihm auch, dass ich es bei der Polizei gemeldet hätte. Er war aber nicht geneigt, die Anzeige, die er inzwischen gemacht hatte, zurückzuziehen. Es kam zu einer Gerichtsverhandlung, mein Mann als Pächter der Hütte musste mitgehen. Nach einem Gespräch, das keine Klarheit brachte, da der Jäger nicht einsichtig war, fragte ihn der Richter, warum er wohl die Familie Eberhard, die auch ein Fahrrecht habe, ins Tal hineinsperrte, ohne sie zu informieren. Daraufhin sagte der Jäger: „Wissens Herr Richter, i hon Ongscht, dass der Herr Eberhard wilderlet da drin." (Er glaubte, mein Mann sei ein Wildschütz.) Der Richter nahm sein Buch, das er vor sich liegen hatte, stand auf und sagte: „Ja wenn sie den Herrn Eberhard ins Revier hineinsperren, muss er doch schauen, wie er dort oben überleben kann." Worauf der Jäger sagte: „Und, Herr Richter, wer zahlt jetzt meinen Rechtsanwalt?" Der Richter drehte sich nochmals um und sagte in einem schärferen Ton: „Den müssen Sie sich schon selbst bezahlen." Die Familie Eberhard verteidigte sich selbst und musste deshalb auch keinen Anwalt bezahlen.
Im letzten Jahr meiner Hüttenzeit gab es eine große Veränderung in meinem Leben, deshalb löste ich schweren Herzens den Pachtvertrag. (Was ich immer noch bereue.)
Es folgte ein 5-jähriger Vertrag mit dem Schwimmbad Oberlechtal, den ich dann wieder löste, um neuerlich Hüttenwirtin zu werden.

NEUER LEBENSPARTNER

Ich wurde mir selbst untreu, was ich mir davor nie vorstellen konnte. Ich begann eine Beziehung mit einem verheirateten Mann, dessen Ehe zu diesem Zeitpunkt – nach seiner Aussage – gescheitert war. Ich wurde mir deshalb selbst untreu, weil es für mich ein Tabuthema war, mich mit verheirateten Männern einzulassen. Ich untergrub meine Vorsätze, obwohl ich davor geglaubt habe, dass mir sowas nie passieren könne.

Diese Beziehung dauerte 10 Jahre. Es war eine schöne Zeit. Bauten wir uns doch zusammen eine Existenz auf der Stablalm auf, die dann auch wieder sehr gut florierte. Auch hier musste ich zuerst die Hütte wieder auf Vordermann bringen.

Wieder einmal hatte ich meine Selbstständigkeit aufgegeben und ging mit meinem Lebensgefährten auf diese Alm. Ich wollte, wenn ich nun schon nicht mehr selbstständig war, nur für die Küche verantwortlich sein. Schnell kristallisierte sich jedoch heraus, dass ich nicht nur bei der Buchführung, sondern auch bei allem anderen, das so anfiel, gebraucht wurde. Ich möchte nicht noch mehr ins Detail gehen. Es war eine sehr stressige Zeit, aber es gab auch schöne Stunden. Besonders wenn wir abends vor der Hütte saßen mit einem Glasl Wein und einer guten Brotzeit. Auch das Frühstück war immer etwas Besonderes. Wir nahmen es immer neben dem Kachelofen in der Gaststube ein und besprachen die Anforderungen des Tages. Nach einer kurzen Umarmung ging jeder seinen Tätigkeiten nach, das gemeinsame Arbeiten verlief großteils sehr harmonisch.

Abends wurde viel gesungen und ich nahm mir immer wieder Zeit mit den Gästen zu plaudern. Es gab keinen freien Tag und keine Zimmerstunde, aber nach Saisonschluss gönnten wir uns noch einige Reisen. Eine besondere Reise war für uns Amerika. Wir bereisten die Westküste. Ich würde mir wünschen, noch einmal in San Francisco mit der Cablecar zu fahren und auf der Golden Gate Brücke zu stehen. Aber das wird sich wohl nicht mehr ausgehen. In den fünf Wochen, in denen wir die Westküste bereisten, haben wir sehr viel erlebt. Wir gönnten uns auch einige Kurzurlaube auf verschiedenen Inseln, besonders erwähnenswert ist Hawaii.

Tennisurlaub in Mellau: Hajo, Hermann, Ernst, ich 1994

Ich investierte in diese Beziehung all mein Können, mein Wissen, meine Liebe. Ich machte das gerne, da unsere Lebensgemeinschaft sehr stark war. Er versicherte mir des Öfteren, auch noch 2 Monate vor dem Aus, dass er mich nie verlassen würde. Er habe – wie er sagte – noch nie so eine starke, liebevolle Beziehung gehabt. Ich werde über diese Zeit nicht viel schreiben, um unsere Beziehung, die etwas Besonderes war, zu schützen. Allein, dass er mir selbst gestand, dass er mich betrogen habe, spricht für ihn. Es war auch Alkohol im Spiel. Meinem verstorbenen Mann war ich trotz der prekären Lage, in der ich viele Jahre gewesen bin, nie untreu. Deswegen konnte ich diesen Vertrauensbruch nicht verkraften und beendete unsere Beziehung. Hatte man mir doch nahegelegt, dass ich diesen Kampf verlieren würde, wenn es einen gäbe. Ich war zu müde und zu verletzt, um meine Liebe und Existenz zu kämpfen. Es war eine schwere Zeit, das Hüttenleben, das ich ja so gewohnt war, hinter mir zu lassen. Ich glaubte doch, dass nie eine Zeit kommen würde, in der wir nicht mehr auf der Alm zusammen wären. War es doch unser beider Werk, diese Almhütte zu dem zu machen, was sie heute ist.

Eines möchte ich noch anmerken. Als ich kam, musste ich aufräumen. Als ich ging, musste ich nicht nur die Hütte, sondern auch meine Seele aufräumen!

MEINE ELTERN UND GESCHWISTER

Meine Eltern heirateten am 19. Dezember 1930. Meine Mama war eine herzensgute Frau. Sie war eine gute Mutter, die immer für uns da war, und eine liebende Ehefrau. Auch mein Vater war eine feiner, herzensguter Mensch, der leider viel zu früh durch einen Unfall, den er im Winter während der Lechverbauungsarbeiten erlitt, invalid wurde. Er stürzte ins Wasser und kam unter eine Eisdecke, die sich über den Lech gespannt hatte. Da seine Rettung sehr schwierig war, hatte er sich eine schwere Kopfnervenentzündung zugezogen, wodurch er jahrelang nur ein Wrack von einem Menschen war. Aber damit nicht genug. Als meine Schwester Helga genesen war – darüber werde ich später noch erzählen - hielt der Typhus in unserem Elternhaus Einzug. Papa, Helga und Onkel Filobert, der zur damaligen Zeit bei uns lebte, lagen wochenlang mit schwerem Fieber im Bett. Wir wurden unter Quarantäne gestellt und nur der Hausarzt durfte uns behandeln. Er wusch sich in einer Laborschüssel davor und danach die Hände, um den Virus nicht hinauszutragen. Wären da nicht so gute Nachbarn gewesen, die uns das Essen vor die Tür stellten, hätte es meine Mutter nicht geschafft. Aber sie war auch eine starke Frau und meisterte alles mit viel Lebensfreude. Und mein Vater dankte ihr das mit kleinen Geschenken und Aufmerksamkeiten. Ich glaube sagen zu dürfen, dass meine Eltern eine gute Ehe führten. Auch ich denke immer noch liebevoll an sie.

Am 26. Februar 1931 wurde meine älteste Schwester Friedl geboren. Sie war ein Frühchen. Die Hebamme und meine Mutter wickelten sie in Watte ein und legten sie auf den warmen Ofen, so wie man sie heute in den Brutkasten legt, und sie überlebte. Sie ist inzwischen 84 Jahre alt.

Dann wurde mein Bruder Helmut geboren, der mir in der Zeit meiner Witwenschaft zusammen mit seiner Frau eine große Stütze war. Darum möchte ich ihn in diesem Buch erwähnen und ihm dafür danken. Auch er ist inzwischen 81 Jahre alt.

Dann kam meine Schwester Helga – ein Neujahrskind. Über sie möchte ich ein bisschen mehr erzählen. Sie stürzte mit 5 Jahren aus dem Fenster und zog sich einen Schädelbasisbruch zu. Sie lag 6 Wochen im Koma und unser damalige Hausarzt Dr. Orlitzky versicherte meinen Eltern, es wäre besser, sie würde nicht mehr aufwachen, da sie seiner Erkenntnis nach kein normales Leben mehr führen könne. Als sie erwachte, glaubten meine Eltern, dass das eingetreten war, was unser Hausarzt vorausgesagt hatte. Ich stand zu diesem Zeitpunkt als 4-jähriges Mädchen mit einer großen Schleife in den Haaren vor ihrem Bett. Wie man später feststellen konnte, war das wirre Gelächter, das meine Schwester während der Aufwachphase von sich gab, wohl meiner Schleife zuzuschreiben, nicht ihrem Zustand. Ich wich fast nie von ihrem Bett, hatte ich sie doch so sehr vermisst in der Zeit, als sie nicht mehr mit mir spielen konnte. Es war ein weiter, schwerer Weg für Mama und für Helga, sie ins Leben zurückzuholen. Sie musste laufen und sprechen lernen. Die Spätfolgen ihres Sturzes waren starke Kopfschmerzen. Für mich war es später in der Schule immer wichtig, dass es ihr gut ging und das solange, bis wir selber Familien gründeten. Sie ist heute 76 Jahre alt.

Nun kam ich an die Reihe. Mutter war auf dem Feld, um das Heu zu ernten, das sie wegen ihrer Schwangerschaft in diesem Jahr etwas früher einbringen wollten. Dort setzten die Wehen ein und ich kam Stunden später am 25. Juni zur Welt. Ich wurde ein sehr lebhaftes, wissbegieriges Kind, das damals schon vieles wissen wollte, das andere Kinder noch gar nicht interessierte. Ich spielte sogar mit den Buben Völkerball und während der Schulzeit wurde ich ein richtiger Kumpel für meine Jahrgänger. Toni, Albert und ich waren gute Schüler und konnten uns dadurch viel Freiraum verschaffen. Wir machten während der Stillarbeit die Hausaufgaben, die uns der Lehrer schon vorher diktiert hatte, sodass wir zu Hause den Schulranzen nicht mehr auspacken mussten.

Noch eine lustige Geschichte möchte ich hinzufügen. Wie zu allen Zeiten stritten und prügelten wir Schüler uns auf dem Schulweg. Unser damaliger Lehrer beschloss, uns auf dem Nachhauseweg zu begleiten, um dieser Zankerei ein Ende zu bereiten. Doch unser Herr Lehrer Blaas kapitulierte früher und der Wettkampf „Buben gegen Mädchen" ging weiter. Trotzdem konnten wir während der 8 Jahre Volksschule auch viele schöne Zeiten erleben.
10 Jahre später, am 4. April 1950, kam meine jüngste Schwester Gretl auf die Welt. Sie sollte nach Aussage der Hebamme ein Glückskind werden. Hatte sie doch eine „Glückshaube" über den Kopf gestülpt, die aussah wie eine zweite Haut und sich erst langsam löste. Sie war außerdem ein Sonntagskind. Aber die Prognose stimmte auch nicht. Auch meiner Schwester hat das Leben nichts geschenkt. Unter anderem musste sie sich mehreren schweren Herzoperationen unterziehen, von denen sie sich aber immer wieder gut erholte. Sie ist inzwischen 65 Jahre alt.

Das war in großen Zügen unsere Familiengeschichte.

MEINE KINDHEIT

Ein paar kleine Geschichten aus meiner Kindheit.
Ein Kapitel Zeitgeschichte, das ich in meiner sehr frühen Jugendzeit erlebte, war der Zusammenbruch des 2. Weltkrieges. 1945, ich war gerade 5 Jahre alt, kam die amerikanische Besatzung mit Spähpanzern ins Lechtal und in Stockach machten sie Station. Wir Kinder waren so fasziniert von diesen Fahrzeugen, vor allem die Buben, dass wir uns nicht ängstigten und diese komischen Gefährte inspizierten. Ein netter Offizier, der dann unser Elternhaus so wie andere Häuser für die Unterbringung der Besatzung beschlagnahmte, schenkte Toni, Albert und mir gleich Schokolade, die sehr hart war. Ich habe heute noch eine Narbe, die ich mir damals zufügte, als ich von meinem Vater ein Metzgermesser – er war zu dieser Zeit Lohnschlächter – unerlaubt entwendete, um diese harte Schokolade zu teilen. Ich kann mich noch erinnern, dass wir Knäckebrot, Brot aus der Dose und vieles mehr von diesen Soldaten geschenkt bekamen.

Mein Vater ging mit uns Kindern einmal im Jahr zum Bergmahd (=Bergwiese) auf die Jöchelspitze. Wir mussten sehr früh aufstehen, damit wir vor Sonnenaufgang noch ein Stück den Berg hinaufkamen, da es sonst zu heiß wurde. Mama packte Proviant zusammen: Eier, Mehl, Schmalz, Zucker, Speck, eine Eisenpfanne und einiges mehr, das wir mitnehmen mussten, um uns oben in der Berghütte verpflegen zu können. Eine Ziege musste mit, damit wir Milch für unseren Kaffee hatten und um den Kaiserschmarren anzurühren. Papa und Helmut schnürten Sensen, Rechen und verschiedene Hilfsmittel, die man zum Heuen brauchte, für uns Kinder zusammen, da wir noch nicht so viel Kraft hatten, um Großes zu tragen. Oben angekommen, teilte Papa die Arbeit ein. Ich, die Kleinste in der Runde, wurde zum Kochen eingeteilt. Und jetzt zu der kuriosen Geschichte, die mich so gern an diese Zeit zurückdenken lässt.

Wenn ich Rührei machte, nahm ich so viel Fett, dass es aussah, als schwämmen diese Eier in einer Suppe. Der Kaiserschmarren war meist noch teigig oder angebrannt. Aber Papa sagte immer, dass es ihm schmecke. Erst viel später gestand er mir, dass mein Essen fast nicht genießbar war, aber er hatte mich mit der Wahrheit nicht verletzen wollen. Außerdem hatte er immer eine „Not"-Brotzeit dabei, falls wir von meinen Kochkünsten nicht satt geworden wären. Noch etwas faszinierte mich in dieser Zeit. Wir sahen von der Heuwiese hinunter zu unserem Elternhaus. Mama und Papa vereinbarten, wenn es im Tal Probleme gäbe, würde Mama ein weißes Wäschestück neben das Haus legen. Dann wüsste Papa, dass er im Tal gebraucht wurde. Man brauchte keine Rauchzeichen wie die Indianer, ein weißes Wäschestück reichte auch aus. Als er am Abend dann wieder heraufkam, berichtete er entweder davon, dass eine Kuh gekalbt hatte oder dass die Mama seine Hilfe gebraucht hatte. Musste sie doch die ganze Arbeit im Tal alleine bewältigen.

Ich erinnere mich auch noch an eine Gabe von Mama. Die Wäsche wurde bei uns im naheliegenden Sulzlbachle zum Schwemmen hingebracht. So wie man es heute oft in Filmen sieht, wenn Sklavenfrauen mit rhythmischen Gesängen die Wäsche von den Herrschaften im kalten Wasser schwemmen. Mama sang nicht, sie hatte während des Schwemmens immer ein Argusauge auf die ruhigen Stellen des Wassers, da sie wusste, dass dort Forellen waren. Als sie mit ihrer Arbeit fertig war, fing sie mit bloßen Händen noch die eine oder andere Forelle, und unser Mittagessen war schon wieder gerettet. An eines kann ich mich auch noch gut erinnern. In unserer Bauernstube gab es neben dem Bauernofen eine Klapptür, die man öffnen konnte. Zu dieser Zeit lagen dort alte Bücher oder der Reimichlkalender. Unsere Eltern erzählten uns dann, dass diese Vertiefung in der Wand früher eine Kemstelle war, d.h. man konnte dort ein Feuer machen, um Licht in die Stube zu bringen. Natürlich gab es nach oben einen Abzug, damit der Rauch nicht in die Stube gelangen konnte. Ich kann mich auch dunkel daran erinnern, dass in der Küche eine offene Feuerstelle war, darüber ein breiter offener Kaminabzug, der dazu diente, das Fleisch zu räuchern. Unser Vater war sehr geschickt in vielen Dingen. So war es auch immer wieder faszinierend, wenn unsere Bauernstube wochentags zu einer Werkstatt oder zu einem Frisiersalon wurde. Manchmal wurde die Stube sogar zu einem Tanzlokal mit Musik von Papa, der manchen Walzer oder manche Polka auf seiner Mundharmonika oder Gitarre zum Besten gab. Es gab keine Cola und irgendwelche Energydrinks, sondern ein Kübel Wasser mit einer Kelle stand bereit, um unseren Durst zu löschen. Wenn der Tag des Herrn, der Sonntag, kam, wurde die Stube geräumt und geputzt, handgewebte Teppiche, die die Frauen nach der Stallarbeit selbst auf ihrem Webstuhl gewebt hatten, zur Verschönerung der Stube auf den Boden gelegt und mit großen Reißnägeln festgemacht, damit sie nicht verrutschten. Eine mit Kreuzstich bestickte Tischdecke und ein paar Polster ließen die gemütliche Bauernstube zu einer Idylle werden, die man heute nicht mehr so leicht findet. Ist doch alles so schnelllebig geworden und der Drang, sich immer etwas Neues anschaffen zu müssen, lässt nicht zu, dass sich diese wärmende Energie der alten Häuser in unseren Räumen ausbreiten kann.

Auch an den Geruch von frisch gebackenem Brot und Waffeln erinnere ich mich gerne. Wie ich schon erwähnte, wir hatten als Bauern während und auch nach dem Krieg immer genug zu essen. Das Getreide, das wir auf unseren Feldern anbauten, wurde im Herbst geerntet und in der Tenne mit der Hand und ein Paar „Schlägeln", die aus einem Stiel und beweglichen Holzklumpen bestanden, mit rhythmischen Schlägen das Korn von der Spreu getrennt. Das Korn brachte man nach Bach zum Müller. Es wurde auch gleich ein Termin für die Abholung des Mehles vereinbart. Hatte man doch sonst keine Möglichkeit sich schnell zu verständigen. Die Eier bekamen wir von unseren Hühnern, die von einem stolzen Gockel bewacht wurden, der seine Männlichkeit um 6 Uhr in der Früh mit einem lauten „Kickerickie" beweisen musste. Auch die Züchtung der Hühner nahm man früher selbst vor. Die Milch von unseren Kühen wurde zu Käse, Butter und Fett verarbeitet. Ich kann mich noch gut erinnern, dass Mama viel Brot und viele Waffeln auf einmal machte, weil sie hungrige Dorfbewohner mitversorgte. Eine Frau aus unserer Nachbarschaft litt Hunger, und sie kam zu uns in die Küche und fragte, ob sie etwas zu essen haben könnte. Sie schlang das Essen regelrecht hinunter und wir Kinder konnten das damals nicht verstehen und die Situation dieser Frau nicht richtig einschätzen, weil wir nicht wussten, wie sich Hunger anfühlt.

Blitzartig durchfährt mich gerade eine Erinnerung: Ich war ca. fünf Jahre alt und litt an Rachitis. Unser Hausarzt Dr. Orlitzky sagte, dass ich dringend Hilfe bräuchte, da meine Knochen schon sehr weich wären. Meine Taufpatin Marianne und der Herr Wanner, der ohne studiert zu haben für Tier und Mensch manch gutes Hilfsmittel anbot, waren auf Besuch bei uns. Er gab mir Lebertran, das anscheinend gut für die Knochen sein sollte. Was letztendlich zu meiner Heilung führte, weiß ich bis heute nicht. Meine Taufpatin schlug vor, mich zu einem Pater zu bringen, der gerade in Martinau zu Besuch war und der „heilende Hände" hätte. Man erzählte mir viele Jahre später, dass ich nach diesem Besuch immer und immer wieder in Alpträumen aufgeschrien hätte: „Lasst mich nie wieder alleine zu einem so komischen Mann gehen!" Ich erinnere mich noch gut - ich wurde in einen dunklen Raum hineingebracht, der nur durch Kerzen etwas erhellt war. Von dem Pater sah ich nur Konturen, was mich in panische Angst versetzte. Dann hatte ich einen Filmriss. Ich kann nicht bestätigen, dass dieser Mann heilende Hände hatte oder sagen, was er sonst in diesem mystischen Raum mit mir machte. Ich habe es viele Jahre verdrängt wie so vieles andere, das jetzt während des Schreibens in meine Erinnerung zurückkehrt. Ich möchte hier keinen falschen Eindruck bezüglich dieser Begebenheit erwecken, war ich doch ein verängstigtes Kind. Aber die Erinnerung an diese Situation lässt mich immer noch erschauern.

Noch eine Erinnerung, die ich, wie mir scheint, ins tiefste Unterbewusstsein vergraben habe und die nur doch Zufall für mich wieder relevant wurde. Meine Tochter Andrea arbeitet als Kinesiologin, d.h. sie kann auch mit Schwingungen auflösen, was im Unterbewusstsein gespeichert ist und das leicht krank machen kann. Eines Tages schlug meine Tochter eine Rückführung vor, da sie glaubte, dass bei mir im tiefsten Unterbewusstsein noch viel Verdrängtes schlummere. Die Rückführung funktioniert mittels einer Rute, die besonders ausschlägt, wenn man zu den Lebensjahren kommt, in denen etwas nicht Aufgearbeitetes passiert ist. Als sie bei meinem 7. Lebensjahr ankam, schlug die Rute besonders aus. Meine Tochter fragte mich, ob da irgend etwas passiert wäre, was ich noch wüsste. Ich konnte mich im ersten Moment an nichts erinnern, aber plötzlich stieß ich einen furchtbaren Schrei aus, der meine Tochter sehr verängstigte. Ich hatte eine schreckliche Erfahrung vor Augen und dieser Schrei riss mich selbst in die Wirklichkeit zurück und ich erkannte die damalige Situation ganz klar. Papa machte, wie so vieles auch, die Särge für andere Leute. Wir Kinder hatten großen Spaß daran, uns in die Särge zu legen bevor, sie schwarz angemalt wurden. Dann aber traute sich keines der Mädchen mehr hinein zu liegen. Ich wurde von ein paar Mädchen gehänselt, dass ich zu feige wäre, mich in den schwarzen Sarg zu legen. Aber ich wollte ihnen beweisen, dass ich kein Angsthase bin und tat es. Sie machten den Deckel zu und setzten sich darauf. Mich überfiel solch eine panische Angst, dass ich glaubte, nicht mehr atmen zu können. Diese Situation holte mich mit solch einer Wucht ein, dass ich auch während der Rückführung glaubte, nicht mehr atmen zu können. Durch die vielen Tränen, die gleich darauf flossen, wurde ich dann ruhiger. Andrea hatte recht gehabt, dass es noch viel Unverarbeitetes anzuschauen gäbe. Ich glaube, dass Körper und Seele nicht in Einklang kommen können, wenn solch traumatische Erlebnisse nicht aufgelöst werden.

In meiner Jugendzeit lernte ich einen Mann kennen, man nannte ihn „Kusses". Er dürfte ein sehr belesener Mann gewesen sein. Er versicherte mir immer, dass die Menschen noch zum Mond kommen würden. Er selber würde es nicht mehr erleben, aber ich, da ich damals noch sehr jung war. Die Geschichte mit dem Mond hat sich bewahrheitet, aber sonst scheint es, dass die Menschen nicht wissen, wie es mit unserem Leben und unserer Natur weitergehen soll. Die Natur hat uns den Kampf angesagt, um zu überleben. Wir Menschen kämpfen allerdings dagegen, sodass immer mehr zerstört wird. Die Jugend will nicht mehr erkennen, dass sich ältere Menschen eine gewisse Lebenserfahrung erarbeitet haben. Die Jüngeren mögen zwar schulisch viel besser sein, aber das Leben ist wie ein Fluss, der zum Strom anwächst und nur durch die Erfahrung wächst das Wissen. Mir fällt ein Traum ein, der mich jahrelang verfolgte. (Es war eine Szene aus meinem Leben.) Ich kämpfte verzweifelt, um wach zu werden und dem Alptraum zu entkommen. Als ich endlich wach wurde, wusste ich, dass es kein Traum, sondern eine Begebenheit aus meinem Leben war. Ich hätte nie gedacht, dass mich ein Traum nach so vielen

Jahren emotional so einholen könnte. Auch hier wurde mir bewusst, dass man im Leben sehr viel verdrängt, weil man nicht die Kraft hat, alles aufzuarbeiten.

Wir Kinder spielten gerne in der Nähe vom Sulzlbachle. Auf einer Anhöhe stand ein „Bock" – wie es die Bauern nannten. Dieser Holzbock diente als Stopp für die Seilbahn, mit der Lebensmitteln von der Sulzlalm ins Tal befördert wurden. Oben über den Felsen stand die Bergstation. Im Herbst lieferte der Senner Käselaibe mit dieser Bahn ins Tal. Er hatte diese Köstlichkeiten den ganzen Sommer über gehegt und gepflegt für die Bauern, die ihre Kühe auf der Sulzlalm hatten. Erwartungsvoll standen die Bauern unten und freuten sich schon auf diese Köstlichkeiten. Die Laibe wurden in das Wagele, das mit zwei Rollen am Tragseil befestigt war, geladen. Doch diesmal war die Fuhre eindeutig zu schwer, deshalb riss das Zugseil und die Kiste raste in die Talstation, wo auch wir Kinder standen. Es gab einen Schlag und das Holz borst auseinander, die Holzteile flogen mit einer solchen Wucht herum, dass einige Bauern getroffen wurden. Wir Kinder hatten Glück, uns war nichts passiert, aber der Schock saß tief.

Dieser Traum ließ mich oft den ganzen Tag nicht mehr los. Immer dachte ich an die Bauern, die durch den Aufprall ihren Käse teilweise nur in Brocken mit nach Hause nehmen konnten. Einige Laibe waren davor schon an den Felsen zerborsten. Ich nehme an, dass in mancher Bauernküche im folgenden Winter das Abendbrot karger ausfiel als sonst üblich.

Wenn mich auch dieser Traum viele Jahre verfolgte, liebe ich ansonsten meine Träume, kann sie mir doch der größte Neider und Streiter nicht wegnehmen.

MEINE FAMILIE

Ich lernte meinen Mann Florin bei einer Faschingsveranstaltung im Kaffee Hubertus kennen. Es war ein Preismaskenball, er hatte damals den 1. Preis in der Gruppe gemacht, ich den 1. Preis in der Einzelmaske. Ich war als Spanierin verkleidet, trotz der Maskierung verliebte sich mein zukünftiger Mann in mich.

Ich als Spanierin, Florin als Schützenkönig (Fasching 1958)

Ich verliebte mich, als ich ihn an einem Festtag in Bach wiedersah. Er hatte eine Festtagstracht an und war ein Bild von einem Mann. Gleich an diesem Tag verabredeten wir uns zu einer Motorradfahrt. Florin besaß eine 500er Horex und er staunte nicht schlecht, als ich fragte: „Darf ich fahren? Ich habe nämlich auch den Motorrad-Führerschein?"

Vor dem Gasthaus Grüner Baum 1958 auf der 500er Horex

Es folgten sehr viele schöne Ausflüge. Ich wurde ganz süchtig und wollte nur mehr Motorrad fahren. Das kleine Moped von meinem Papa war nicht mehr gut genug für mich. Ich wurde immer verwegener und fuhr immer schneller bis zu dem Zeitpunkt, als ich schon am Bankett dahinschlingerte und nur knapp einen Unfall vermeiden konnte. Von da an wusste ich, dass ich mich selbst nicht überschätzen darf und fuhr vorsichtiger. Unsere Freundschaft festigte sich, und wir wurden ein Paar. Florin war zu dieser Zeit in Lienz in Osttirol, um auf großen Bauten Stuckarbeiten zu verrichten. Es war also eine Fernbeziehung. Deswegen beschlossen wir, baldmöglichst zu heiraten.

Am 29. Oktober 1959 gaben wir uns in der Kirche in Stockach das Jawort. Es folgte eine sehr harmonische Zeit. Mit viel Liebe und Enthusiasmus begannen wir unser Haus zu bauen, großteils mit den eigenen Händen. Ich war schon bei meiner ersten Tochter schwanger, als wir nachts um 23 Uhr auf der Straße, die an unserem Haus vorbeiführt, von Hand Beton mischten. Unser Nachbar Anton kam von der Musikprobe nach Hause, sah uns arbeiten und schickte mich ins Haus. Er sagte: „Madle, du brauchsch Ruhe, du bisch ja schwanger." Von da an festigte sich die Freundschaft zu unseren Nachbarn immer mehr.

Schade, dass ich diesen schönen Garten im Sommer fast 30 Jahre nicht benutzen konnte.

Als am 18. August 1960 unsere Tochter Haidrun zur Welt kam, zogen wir in unser neues Heim ein, das außer Küche, Schlafzimmer und Bad noch unvollständig war. Es war eine harte, aber schöne Zeit. Sich gemeinsam etwas aufzubauen, ist viel wertvoller, als wenn einem alles in den

Schoß fällt. Am 18. August 1961 kam unsere zweite Tochter Andrea zur Welt. Als sich unsere finanzielle Lage besserte, machten wir unser Heim so richtig gemütlich. Allein der Blick ins Tal, von der Anhöhe unseres Hauses aus, löste ein Wohlgefühl in uns aus und wir fühlten uns daheim.

Mit unseren beiden Töchtern Haidrun und Andrea 1972

Ich denke gerne an die Zeiten zurück, als unsere kleine Familie noch glücklich und in Ordnung war. Auch daran, dass wir uns trotz des Hausbauens ein paar Reisen gönnten. Besonders schön war es in Lourdes, wo uns die Basilika mit ihrer majestätischen Schönheit überwältigte. Mit Dankbarkeit denke ich daran, dass ich diese Fahrt, genauso wie die Reise nach Rom mit seinem Prunk und seiner Geschichte, noch mit meinem Mann erleben durfte. Etwas später spürte ich die Veränderung meines Mannes, konnte sie damals aber noch nicht dem Alkohol zuschreiben.

Meine beiden Mädchen haben am gleichen Tag Geburtstag und sie wollten auch gemeinsam ihre Hochzeit feiern. Auch das haben sie wahr gemacht. Haidrun heiratete ihren Mann Harald, aus dieser Ehe stammt ihr einziges Kind Tanja, die meine einzige Enkeltochter ist. Andrea heiratete ihren Mann Markus, aus dieser Ehe stammen zwei Söhne, René und Mario, meine beiden Enkelsöhne.

Haidrun, Harald und Tanja   - 1985 -   Andrea, Markus, René und Mario

Ich habe sechs Urenkel. Meine älteste Urenkelin Celina ist 16, die zweitälteste Chiara ist 13, Lionell ist 3 Jahre alt – das sind die Kinder von Tanja. Emily, 4 Jahre, und Paulina, 2 Jahre, sind die Kinder von Mario. Mein jüngster Urenkel Matteo ist der Sohn von René und ist 1 Jahr alt. Ich kann mich glücklich schätzen, so eine tolle Familie zu haben.
Ich spüre, dass noch viele Situationen und Erinnerungen in mir wach werden, die ich immer wieder niederschreiben werde. Aber zur Zeit bin ich in Bad Häring und möchte euch, liebe Leser, eine Geschichte erzählen.

BAD HÄRING

15. Februar bis 8. März 2015

Immer wieder begegnete ich in meinem Leben Menschen, die mir gut getan haben, auch in Bad Häring. Meine Tischnachbarn Gaby, Hubert, Michael und Lisa, die Frau von Michael, ließen mich all ihre Fürsorge spüren.
Wir beschlossen, Gabys Vorschlag anzunehmen, ins Brixental nach Kitzbühel zu fahren. Die Idee kam Gaby während des Schwimmens im Schwimmbecken der Kuranstalt, das übrigens einem VIER STERNE HAUS gerecht wurde. Vorne am Portal glänzten die 4 Sterne weit ins Tal hinein, und ich hatte das Gefühl, als wollten sie mir sagen: „Madle aus den Bergen, des hasch dar verdient, in so einer tollen Kuranstalt zu kuren."
Ich bin, wie ihr, liebe Leser, inzwischen festgestellt habt, eine Tirolerin, eine stolze Lechtalerin.
Nicht nur der Nobelort Kitzbühel hat eine Geschichte, die es weltberühmt gemacht hat. Es gab in unserem Tal ganz viele berühmte Persönlichkeiten. Einheimische Autoren

und Bühnenbildner lassen die Geschichten des Tales und mancher Persönlichkeiten, z.B. Anna Stainer-Knitel („Geierwally") oder Johann Anton Falger, auf der Geierwally Bühne in Elbigenalp aufleben. Es freut mich, auf einer der schönsten Freilichtbühnen, der Bühne im Fels, als Schauspielerin mit dabei sein zu dürfen. Die gesamte Bühne ist um einen Naturfels arrangiert, sogar ein Wildbach braust in nicht weiter Ferne hinab ins Tal.
Gerade proben wir den „Todtentanz", die Lebensgeschichte Johann Anton Falgers, eines Universalgelehrten, dessen breitgefächerten Werke und Sammlungen in der „Wunderkammer" (benannt nach der Aussage seiner Frau Theresa, die das Zimmer seiner gesammelten Werke „Wunderkammer" nannte) in Elbigenalp zu sehen sind.

auf der Geierwally-Bühne
„Frau im Morgengrauen"
als „Lucia" 2008
eine Tanzszene mit Gesang
„Campana sobre Campana,
sobre campana una, asomate a
ventana, veras al Nino
en a cuna."

Zurück zum Mittagstisch, zu unserem Gespräch, als Gaby vorschlug, nach Kitzbühel zu fahren.
Vielleicht könnt ihr euch vorstellen, was das für uns bedeutete. Durch Kitzbühel zu laufen, und in einem, sicher dem ältesten Café, das in ganz Kitzbühel zu finden war, einzukehren und später zum Parkplatz zurück zu gehen.

Da parkte nämlich unser Schlitten, sprich das Auto von Michael.

28. Februar 2015 in Kitzbühel mit Michael

Eigentlich hätte ich zuerst das Auto beschreiben sollen, war es doch für Gaby und mich ein „Nobelschlitten". Lisa kannte ja das Auto und ergötzte sich an unserem Staunen. Sie stand mit Gaby und mir vor dem Portal der Kuranstalt, als Michael aus der Tiefgarage kommend vorfuhr. Auf unserem Rückweg Richtung Bad Häring kamen wir beim Stanglwirt vorbei, einem bekannten Haus – man weiß nicht, wie man es beschreiben soll – das auf jeden Fall zu empfehlen ist.

Soll man es eine Nobelwirtschaft nennen oder habt ihr schon gesehen, dass man von den Kühen mit einer Glasscheibe getrennt in einem Speiselokal, das mit gestärkten Stoffservietten und einem nicht sehr mageren Inventar ausgestattet ist, speist? Oder ein Schild, das gleich am Anfang des liebevoll dekorierten Ganges erklärt: „Hier geht's zur Alm." Irritiert machten wir uns schlau und wollten wissen, was es mit der Alm auf sich hat. Zuvor aber mussten wir eine Stiege hochgehen, und siehe da, es war keine Alm, sondern ein riesengroßer Raum, ausgestattet mit vielen Almgegenständen. Aber da waren Gott sei Dank keine Kühe wie unten im Speiseraum, wo die Kühe den Menschen beim Essen zusehen. Trotz der Glasscheibe kann man den Geruch der Tiere in den gesamten Räumlichkeiten riechen.

beim Stanglwirt

Wir aber fanden eine Stube, die noch von der ursprünglichen Wirtschaft herrührt und jetzt sicher eine der begehrtesten Räumlichkeiten des Hauses ist. Wir waren wie Kinder, wir empfanden Lebensfreude pur, als wir uns zum

Kachelofen setzten, eine weich gepolsterte Eckbank, die Wände schön getäfelt, was wollten wir noch mehr. Wir bestellten Wein und eine Welle der Zufriedenheit überkam uns.

Michael entdeckte dann noch ein Bild von dem berühmten Bergsteiger Luis Trenker, der auch viele Filme über sein Bergsteiger- Dasein gedreht hat und als Hauptdarsteller darin mitgewirkt hat.
Eine alte Pendeluhr, die in einen wunderschönen Holzschrank eingebaut ist, erinnerte uns sofort an die sieben Geißlein und den bösen Wolf. Nicht nur im Märchen, auch im wahren Leben haben wir Wölfe und Hexen unter uns.
Auch ich wurde einmal eine „moderne Hexe" genannt. Ich habe die Begabung, Warzen zu vertreiben oder Blut zu stillen. Ich arbeite mit Energie und den Mondphasen, und habe sehr viel Erfolge bei meiner „Nicht-Hexenarbeit". Ein Kindergartenkind sagte einmal: „Das ist aber eine moderne Hexe!" Ich ließ an diesem Nachmittag im Kindergarten in Holzgau, einem Nachbarort meiner Heimatgemeinde, die Kinder einen Kreis machen, sodass die Energie im Kreis verteilt wurde. Obwohl ich wirklich nicht wie eine Hexe aussehe und auch keinen Besen dabei hatte, stimmte die Aussage dieses Kindes sehr wohl.
Michael sagte: „Iats missa mar zrugg in die Anstalt." Ich denke, das heißt: „Jetzt müssen wir zurück in die Anstalt." Es hörte sich an, als wären wir alle vier etwas verrückt. Ich gestehe, ein bisschen liebe ich das Verrücktsein.
Als wir bezahlt hatten, salutierten wir noch vor dem Bild von Luis Trenker, warfen noch einen Blick auf die laut tickende Uhr, verließen diese Räumlichkeiten, die man schon ein bisschen verrückt nennen könnte, und stiegen ein letztes Mal in das elegante Auto von Michael. Er ließ

uns wissen, dass er das Auto mit einem Handgriff erhöhen könne. Da habe ich mir erlaubt, erneut ein Späßchen zu machen, und sagte zu Michaels Entsetzen: „Muss ma da it auf d´Hebebühne?"

Michael lächelte, wissend, dass ich sehr wohl weiß, dass es so etwas gibt. Er stieg elegant in sein Auto ein, seine rechte Hand hatte er auf seinem übergroßen Schalthebel und ich fragte mich, ob dieser Schalthebel auch eine Bedeutung hat oder ob er diesen eleganten Autos nur den letzten Schliff gibt. Lisa nahm vorne neben Michael in gewohnter Weise Platz. Gaby und ich nahmen hinten unsere Ledersitze in Anspruch, ließen uns in die Polsterung sinken, und fühlten uns wie die Royals.

Zeitgerecht für das gemeinsame Abendessen kamen wir in Bad Häring an. Wir beschlossen noch, uns im Kurcafe´ ein Glaserl Wein zu gönnen, um uns von Gaby zu verabschieden, die am nächsten Tag abreiste. Lisa und Michael bestellten sich kein Glas Wein, sie nahmen einen „Hugo" mit einem erfrischenden Zitronenmelissenblatt darin.

Mir fällt wieder eine kleine Geschichte ein, die ich nicht vergessen habe, und höre heute noch das Gelächter meiner Bekannten, als ich einen „URBAN" statt einem „HUGO" bestellte. Ich kam etwas später dazu und blamierte mich mit meiner Bestellung. Unsere Runde amüsierte sich köstlich.

Ich baute dieses Kapitel ein, damit ihr, liebe Leser, auch einen anderen Wesenszug von mir kennenlernt, da ich sonst eher negative Erinnerungen erzählt habe. Ich möchte mich nun aber an dieser Stelle bei Gaby, Lisa, Michael und Hubert bedanken.

DANKE, IHR HABT MIR GUT GETAN!

MEINE BEGEGNUNG MIT DEN SCHAMANEN

Ganz am Anfang meiner Geschichte erwähne ich, dass es mir nicht so gut geht. Dazu möchte ich auf den nächsten Seiten Stellung beziehen. Vor ca. 6 Jahren kamen Ärzte und Ärztinnen aus verschiedenen Staaten Europas und sogar aus Amerika zu uns, die auch den Schamanismus in ihre Behandlungen einbauen - sogar mit Kleidung, Ritualen und althergebrachten Energien. Auch das gewisse Karma hatten sie, um Heilungen vorzunehmen, die für uns Europäer unvorstellbar sind. Dieses Ärzteteam sucht sich immer energiereiche Plätze, stellt dort ein riesengroßes Zelt auf, um mit ihrer Schulmedizin und den Energien arbeiten zu können. Abends am Lagerfeuer verkleideten sie sich als Schamanen und tanzten rhythmische Tänze dazu, so wie es nach einer Heilung im Schamanismus Brauch ist. Es war wie ein Schauspiel und es faszinierte uns, wieviel Energie von diesen Ärzten auf dem energiereichen Platz hervorgeholt wurde. Als ich am dritten Abend diesen Ritualen beiwohnte – es waren ca. 40 Personen anwesend -- war es für mich eine tolle Erfahrung, konnte ich mich doch wieder einmal mit vielen Menschen verschiedener Kulturen unterhalten. Es ist noch nennenswert, wie diese Ärzte nach der Überlieferung des Schamanismus praktizierten. Nach Verwendung verschiedener Pflanzen und Sträucher gaben sie diese gewissenhaft der Erde zurück, damit der Kreislauf der Natur weiterpulsieren kann. Ich bin fest davon überzeugt, würde man in unserem Zeitalter der Natur auch solch eine Ehrfurcht entgegenbringen, gäbe es viele Katastrophen, die unsere Erde heute heimsuchen, nicht. Liebevoll wurde ein Rasenstück aus dem Boden gestochen und die Naturheilmittel, die man nicht mehr verwenden konnte, in diese Öffnung – wie die Ärzte es nannten – hineingelegt und wieder zugedeckt. Die Asche von dem Lagerfeuer übergaben sie dem naheliegenden Sulzlbachle, um auch diese der Natur zurückzugeben. Heißt es nicht umsonst „Geben und Nehmen sollte im Einklang sein", um ein gesund fließendes System zu erhalten. Seitdem suche ich immer wieder diesen Platz auf, da er auf meinem Grundstück liegt. Mein Enkelsohn René pflanzte dort einen Nussbaum.

An diesem besagten letzten Abend nahm mich eine Ärztin auf die Seite und sagte, sie möchte mir etwas kundtun. Ich hatte das Gefühl, dass sie ein bisschen abwesend war. Schon durch das Wort „kundtun" fühlte ich mich ins Mittelalter zurückversetzt. Heute würde man es so formulieren, dass man einem etwas sagen will. In einem hell klingenden Ton, der mich sehr berührte, sagte sie zu mir, ich würde bald erkennen, wie Seele und Körper wieder in Einklang kommen. Ich verstand, was sie mir sagen wollte. Inzwischen habe ich vieles aufgearbeitet und viele alte Strukturen und Narben in meiner Seele geheilt. Durch mein Schreiben fühle ich mich immer leichter, es kehrt immer mehr Ruhe ein.

Jetzt kann ich auch durch diese wiedergewonnene Leichtigkeit kuriose und lustige Geschichten erzählen. Auch schöne Begebenheiten, die ich verdrängte, fallen mir wieder ein.

Eine lustige Geschichte, die sich auf der Hanauer Hütte zutrug, zum Schmunzeln anregt und doch den wahren Charakter eines Menschen erkennen ließ. Die Hanauer Hütte war am Anfang ganz aus Holz gebaut und wir machten immer nachts Kontrollgänge wegen der Brandgefahr. Ein lustiger Abend mit sehr vielen Sektionsmitgliedern endete für manchen schockierend. Ein älterer Herr ging mit der brennenden Pfeife hinauf ins Lager. Ich ging ihm nach und bat ihn, mir die Pfeife zu geben, um sie auszulöschen und ihm dann wieder zurückzubringen. Er zog die Hose über den Hintern herunter, drehte sich um, steckte sein bestes Stück zwischen die Füße und sagte: „Da hast du die Pfeife." Ich war nicht verärgert, da dieser ältere Herr doch etwas über den Durst getrunken hatte. Ich nahm seine brennende Pfeife und löschte sie aus. (Natürlich gab ich ihm diese dann erst nach dem Frühstück zurück.) Ich fand es so amüsant, ging zu den AV Mitgliedern in die Gaststube und erzählte, was mir eben widerfahren war. Unser erster Vorsitzender, Herr Bernius, ein sehr gescheiter Mann, etwas pedantisch, sagte: „Das ist ja furchtbar, er wird vom AV ausgeschlossen!" Mein Mann und ich baten ihn diese Geschichte nicht so ernst zu nehmen. Deshalb gab es für den älteren Herrn keine weiteren Konsequenzen.

Noch eine Geschichte, die oben auf der Hütte passierte. Als ich in unser Schlafgemach auf der Hütte ging und hinter mir die Tür zumachen wollte, stellte ein junger Mann den Fuß dazwischen und forderte mich auf, Geld herauszugeben. Als ich laut um Hilfe schrie, waren Gott sei Dank ein paar Gäste in der Nähe und eilten mir zu Hilfe. Der junge Mann ergriff die Flucht. Da er anscheinend annahm, dass es auf einer Hütte etwas zu holen gäbe, versuchte er Stunden später auf der Knödelhütte in Boden das Gleiche noch einmal. Als die Wirtin ihm das Geld nicht geben wollte, würgte er sie, bis sie blau war. Es kam im letzten Moment Hilfe. Man hielt den Mann fest, bis die verständigte Polizei ihn abführte.

Noch eine schöne Geschichte: Immer wurde ich seitens meines Mannes oder der Heeresbergführer gebeten, mit ihnen auf den Spielerturm zu gehen, für dessen Begehung

normalerweise Seilsicherung notwendig ist. Doch ich hatte Angst vor dem Abseilen bzw. davor, mich ihnen völlig anzuvertrauen. Ich lehnte immer ab, und gab vor, keine Zeit zu haben. Aber sie meinten, ich sei zu feige dazu. Eines Tages forderte mich Walter, ein besonders guter Bergführer, auf, mit ihm zu gehen und mich dort abseilen zu lassen. Es kostete mich zwar große Überwindung, aber ich zog meine Bergschuhe an und auf ging´s Richtung Spielerturm. Als wir oben am Gipfel waren, sollte ich mich gut gesichert ins Seil fallen lassen. Ich hatte eine solche panische Angst, dass mir Walter auf meine Bitte hin einen Schubs gab und ich das erste Mal dieses tolle Gefühl des Schwebens erleben durfte. Meine Begeisterung war so groß, dass wir gleich ein zweites Mal aufstiegen und ich diese Faszination noch einmal spüren konnte. Hannes, der damals auch einen Ferialjob bei uns oben machte, bat ich den Fotoapparat zu nehmen und Fotos zu machen, da das ganze Gebiet von unten gut eingesehen werden konnte. Walter wollte den Film im Tal entwickeln lassen, aber zu meinem Ärger gab es keine Spule – der Fotoapparat war leer.
Von da an ging ich immer wieder gerne mit in die Berge, wenn es mir die Zeit erlaubte.
Ein ganz besonders lieber Gast auf unserer Hütte war der Selb Franz. Eines Nachts hörte ich unter unserem Schlafzimmer eine Arie aus Carmen und erkannte sofort die Stimme von Franz. Mit der Stirnlampe am Kopf, singend, erwartete er nicht umsonst, dass wir alle aufstehen und ihn begrüßen würden. Da er von Gramais über den Brandweinboden eine sehr lange Strecke gewählt hatte, kam er erst um zwei Stunden nach Mitternacht auf der Hanauer Hütte an. Alois, sein Bergfreund aus unserem Ort, kam von Boden herauf, da er nicht so gehfreudig war wie der Franz. Er überraschte uns in der Küche, als wir gerade dabei waren, Kässpatzen für alle zu machen. Als „Stonzamers Alois"

die Kässpatzen roch, sagte er: „Des isch holt a Hüttenwirtin, die das Essen schon am Tisch hot, vor mas bstellt!" Als der lichte Tag heranbrach, gingen sie ins Bett und ich blieb auf, um mein Tagwerk zu beginnen.

Eine Geschichte, die mir sehr viel Freude machte und die ich trotzdem ganz vergaß. Ich durfte bei der Modenschau einer Bekannten ein Abendkleid und verschiedene andere Kleidungsstücke auf dem Laufsteg präsentieren. Als ich durch den Vorhang ging und schon auf dem Laufsteg war, überkam mich ein derart starkes Wohlgefühl, dass ich, wie man mir später sagte, dieses Abendkleid in seiner schönsten Form vorführte. Der Beifall und die Anerkennung an diesem Abend lösten in mir eine Leichtigkeit aus, die ich später oft vermisste, aber jetzt durch die Aufarbeitung meines Lebens wiederfinden konnte.

bei der Modenschau

Stück für Stück finde ich ins Leben zurück, es geht mir besser, ich darf Erfahrungen machen, die bis zum jetzigen Zeitpunkt nicht mehr möglich waren, wie z.B. Theater spielen, schreiben, singen und vieles mehr.

Wir schreiben den 2.5.2015. Der Trachtenverein Elbigenalp und Umgebung, der von Guido Degasperi vortrefflich und mit viel Enthusiasmus geführt wird, um die gute alte Lechtaler Tracht zu erhalten und anderen näherzubringen, fährt (mit uns) zu großen Festumzügen, unter anderem Gauderfest, Stuttgarter Volksfest etc. Diesmal ging´s nach Passau. Nicht das Fest, nicht der Umzug waren für mich vorranging, sondern dieser riesige Dom „St. Stephan", in dem der Bischof Dr. Stefan Oster selbst die Messe zelebrierte. Die größte Orgel der Welt und Fahnenträger von verschiedenen Abordnungen gaben diesem Amt einen besonderen Rahmen. Wieder einmal überkam mich ein Wohlgefühl, das mich innerlich erschauern ließ. Dieser Klang, diese Worte von diesem sympathischen Bischof waren für mich wie ein Geschenk und ich stieß ein Stoßgebet zum Himmel. Ich hatte nämlich das Gefühl: „Das muss heute da oben ankommen". Es war keine Bitte, es war ein großes Dankeschön, dass ich dies alles durch meine wiedergewonnene Lebensfreude erleben durfte.

SELBSTERKENNTNIS

Jetzt, da ich wieder offen und frei bin, kann ich die Verbindung zum wahren Leben wieder erkennen. Das Loslassen ist sicher eines der wertvollsten, aber auch schwierigsten Prozesse im Leben. Auch mir ist dies nicht leicht gefallen. Danke, dass ich noch erkennen durfte, dass man liebende Menschen niemals verlieren wird, wenn nicht Hass und Neid sich breitmachen, dass es wichtig ist, über Gefühle und das Erkennen mancher Situationen zu reden. Mit Ausbrechen kann man sich keinen Freiraum und kein Zusammenleben erarbeiten. Ich habe lange überlegt, wieviel und was ich von meinem inneren, verletzten, vernarbten „Ich" preisgeben soll. Vieles, ganz Privates habe ich erzählt, doch ich bin zu dem Entschluss gekommen, dass nicht alles gesagt werden muss. Es ist nicht meine Absicht, mit dem hier Niedergeschriebenen irgendjemand zu verletzen.

Könnte ich mein Leben noch einmal leben, würde ich es sicher durch die Erkenntnisse während des Schreibens anders gestalten und vieles nicht zulassen. Und noch einmal möchte ich mich wie ein unbeschwertes Kind fühlen, Verstecken spielen, durch die Wiesen und Felder laufen, Vergissmeinicht am Muttertag für meine Mutter pflücken. Aber ich muss mich wieder in die Gegenwart zurückholen, denn Vergangenes kann man nicht mehr wieder erleben oder ungeschehen machen. Aber ein Gefühl der Leichtigkeit überkommt mich, und noch mehr Wünsche machen sich in mir breit. Ich möchte vieles noch einmal erleben und spüren: das Bergheuen mit meinem Vater, im Wald aus Tannenzapfen Kühe basteln, das Gefühl der Dankbarkeit spüren, als mich Papa aus einer dunklen Kammer nach Hause in die Wärme holte, die schönen Stunden mit Mama und die innige Verbundenheit, füreinander da zu sein, die

Leichtigkeit meiner Jugend und das erste Verliebtsein, das große Glücksgefühl nach der Geburt unserer Kinder, die schönen Zeiten unserer Ehe, auf der Golden Gate Brücke stehen, in San Francisco Cabelcar fahren, in der Karibik baden gehen, im Silvrettanova oder in Kaprun Schi fahren, in Sizilien diese riesengroßen Hartweizenfelder in dieser imposanten gelben Farbe sehen, auf dem Ätna die Gewalt der Lava spüren, die keine Grenzen hat, nochmals Las Vegas erleben und vieles mehr. Aber diese Wünsche sind teilweise nicht mehr wiederholbar und müssen Wunschbilder und Träume bleiben.

Das Glück ist nichts anderes als der mutige Wille, zu leben, indem man die Bedingungen des Lebens annimmt. Die Schönheit der Tiroler Berge, die Vielfalt der Blumen hier im Tal sowie oben im Parzinngebiet, die Bergseen, in deren Reinheit und Klarheit sich die Berge spiegeln und wiederfinden, bringen mich in Einklang mit mir selbst. Durch all diese Schönheit, die sich durch nichts beirren lässt, habe ich erkannt, dass es einem gelingen kann, sich selbst wieder zu finden.

In diesem Sinne möchte ich mich von euch, liebe Leser, mit dem Wunsch verabschieden, dass Menschen, die sich auf einem Irrweg bewegen – so wie ich einmal – wieder auf den richtigen Weg zurückfinden.

„Wunden in andere Herzen schlagen,
ist nicht Liebe, sondern Versagen.
Willst du kein Versager sein,
lass Liebe und Vernunft in dein Herz hinein.
Denn Liebe und Vernunft macht Herzen frei,
dann wird unser aller Leben stets im Einklang sein."

Berna Eberhard
Das Madle aus den Tiroler Bergen

Nachsatz

Nochmals ein großes Dankschön an meine beiden
Töchter Haidrun und Andrea mit ihren Familien,
für ihre Liebe und ihre Bereitschaft, immer für mich
da zu sein. Sie haben mich auch ermutigt,
diese (meine) Geschichte niederzuschreiben!!!!

*Ein besonderer Dank gilt meinem Enkel René
und meiner Nachbarin Claudia für die Illustration und
Niederschrift meiner Geschichte.*